# LA CLAVE PARA UN CAMBIO PROFUNDO

## GUIA DE ESTUDIO

### Grupos Pequeños

Continuación de entrenamiento basado en el libro
*La Clave para un Cambio Profundo:*
*Experientando una Transformación Espiritual*
*Enfrentando tus Asuntos Pendientes*

**Dr. Steve y Shirley Smith**

ISBN: 978-1-941000-12-0

www.ChurchEquippers.com

Esta experiencia en grupos pequeños se basa en el libro,

*La Clave para un Cambio Profundo: Experientando una*
*Transformación Espiritual*
*Enfrentando Tus Asuntos Pendientes*

por el Dr. Steve Smith.

Esta disponible en ChurchEquippers.com/store

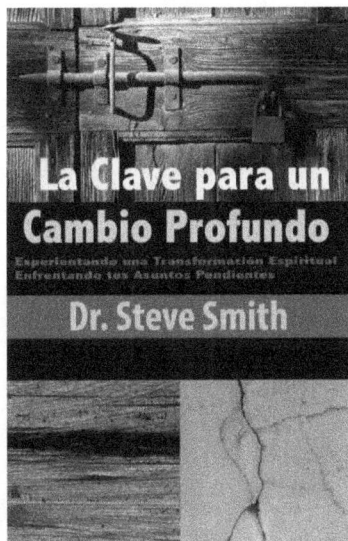

# Tabla de Contenido

# Bienvenido a la Experiencia del Grupo Pequeño de la Clave para un Cambio Profundo

Esta experiencia es para personas que han leído *La clave de un Cambio Profundo: Experimentando la Transformación Espiritual Enfrentando Tus Asuntos Pendientes* por el Dr. Steve Smith (disponible en www.ChurchEquippers.com/espanol), o han pasado por el *Seminario de Asuntos pendientes* o han participado en una actualización: *Retiro de Preparando el terreno*. Esta experiencia será menos útil si usted no tiene un conocimiento básico de la transformación a través de esos recursos. Usted puede averiguar más acerca de estos recursos en: **www.ChurchEquippers.com/espanol**

Habrán 10 sesiones semanales de 1½ horas de duración cada una. Para ser un participante, ya debe ser un cristiano y parte de la familia de la iglesia. Sin la presencia del Espíritu en su vida, usted no será capaz de captar y aprovechar los conceptos de esta experiencia.

Asimismo, para que esta experiencia sea lo más eficaz posible para usted, debería ser parte de un grupo de 8 o menos ya sea de hombres o de mujeres. Muchas de las lecciones piden una información personal que sería difícil compartir frente a personas del sexo opuesto y, probablemente, incluso ante su cónyuge.

Por lo tanto, necesita ser hombre con hombre o mujer con mujer. De lo contrario la experiencia será tan eficaz y el nivel de interacción será bastante superficial, aún en el mejor de los casos. La ventaja de esto es que los de su grupo se convertirán en su comunidad de fe durante toda la vida, las personas que van a estar con usted para estimularlo y restaurarlo asi como usted hará lo mismo por ellos mientras viajan junto con Dios.

Cada grupo será dirigido por un facilitador con experiencia que ya está en su propio camino de fe hacia la transformación. Recuerde que esta persona aún no ha terminado el viaje y puede compartir sus propios asuntos pendientes durante esta experiencia. No se asombre y no piense que no se puede aprender algo de alguien que no es perfecto, porque simplemente no hay uno que es perfecto, excepto Jesús. Y El estará presente en la sala con usted mientras esta experiencia continúa.

El siguiente libro está lleno de preguntas que se harán. Ellas te ayudarán a ti, como participante, para estar preparado de abordar cualquier aspecto de tus asuntos pendientes que Dios te revele a través de esta experiencia. Asegúrate de escribir las respuestas a las preguntas e interacciones para tu uso, para que estés listo para compartir con los demás participantes. Asegúrate de traer una Biblia para que puedas buscar en las Escrituras cuando se junten, así podrás ver por tí mismo lo que Dios ha dicho, y lo que Él ha dicho tiene autoridad y significado para tu vida.

*También es importante que hagas la tarea.* Tu no vas a crecer a través de estas sesiones si descuidas esta parte del proceso. Cada tarea significa el prepararse para el próximo período de sesiones. Así que el no prepararse dice algo acerca de tu deseo de crecer y ser transformado.

Tu podrás oír a Dios hablándole a ustedes durante esta experiencia. Él te ama incondicionalmente y ya ha determinado conformarte a la semejanza de Jesús.

Pon atención y escúchalo a Él.

Paz!

# Sesión 1: Se le ha Dado el Poder de Cambiar

Introducción: El testimonio del facilitador-historia personal del poder de Dios que transformó tu vida.

1. ¿Por qué estás aquí? Algunos de ustedes están aquí porque es lo que hay que hacer, pero también se cuestionan si necesitan esta interacción. Tu puedes creer que estás manejando tu vida con Dios y con los demás muy bien.

2. Todas las personas que siguen a Jesús se atascan en algún lugar en algún momento en su camino de fe. La razón es porque todavía estamos afectados por lo que la Biblia llama "la carne." Busca los versículos siguientes para comprender lo que se entiende por carne: 1 Juan 2:15-17; Gálatas 5:19-21; Efesios 2:1-3.

Aunque naturalmente podemos comparar la vida en la carne en ser abiertamente malvado, la carne toma formas diferentes en la vida de la gente. A veces, la vida en la carne, parece bastante respetable. Veamos los cinco tipos de carne demostrada por las diferentes personas que tuvieron un encuentro con Jesús.

A. **Supremo**: religiosamente exitoso (Juan 3:1, 10: Nicodemo)

B. **Mejor**: materialmente exitoso (Lucas 19:1-4: Zaqueo)

C. **Estándar**: almacenar una variedad de marcas que podría ser una buena o mala elección (Lucas 5:8-10; Mateo 16: 15-16, 22-23: Peter)

D. **Utilidad**: vivir la vida llena de inmadurez, malas decisiones y perspectivas limitadas (Juan 4:1-20: La mujer Samaritana en el pozo)

E. **Desecho**: designado como inútil y descartado (Juan 8:1-5: la mujer sorprendida en adulterio)

- ¿Con cual de estas vida en la carne te identificas más directamente? ¿Por qué?

3. Lee la siguiente declaración y versos y responde a esta pregunta: ¿Por qué es la vida en la carne es tan destructiva para aquellos que la siguen?

*La vida en la carne significa que estamos siguiendo los deseos que vienen de nuestro interior para tratar de satisfacer nuestras necesidades personales y hacernos sentir mejor y en control, fuera de Dios.*

4. ¿Cuál de las siguientes afirmaciones es verdadera para ti?

- Yo continuamente hablo o pienso sobre el mismo tema y se que estoy atascado.

- Yo tengo o soy consciente de áreas insalubres de mi carácter que no coinciden con el carácter de Jesús tal como se revela en la Biblia.

- Yo constantemente me voy a los extremos en alguna área de mi vida.

- Yo tengo la tendencia de alardear acerca de mí mismo cuando estoy con otros.

- Yo tengo un matrimonio tenso.

- Yo tengo problemas financieros constantes.

- Yo de alguna manera siento miedo frecuentemente.

- Yo me siento agotado y fundido.

- Yo estoy en medio de una crisis personal.

- Algunas personas me han concientizado de que hago comentarios despectivos o degradantes de mí mismo o de otros.

- Algunas personas me han concientizado de que hago declaraciones escandalosas o irracionales.

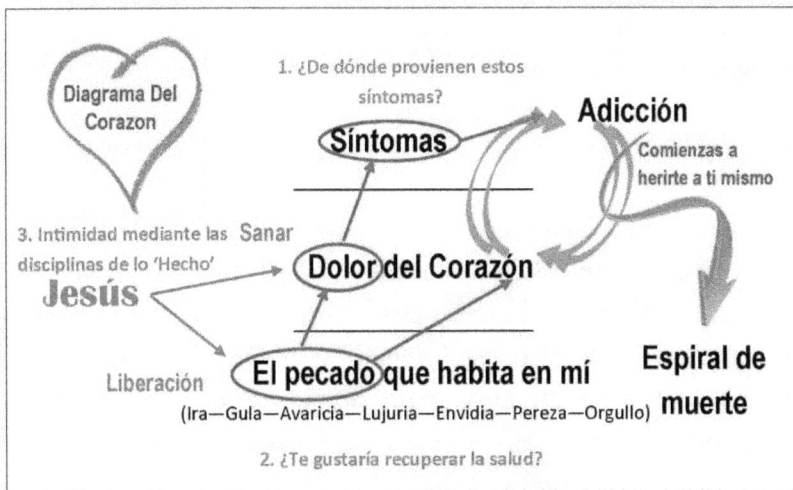

Diagrama Del Corazon

1. ¿De dónde provienen estos síntomas?

Síntomas

Adicción

Comienzas a herirte a ti mismo

3. Intimidad mediante las disciplinas de lo 'Hecho'

Sanar

Jesús

Dolor del Corazón

Liberación

El pecado que habita en mí
(Ira—Gula—Avaricia—Lujuria—Envidia—Pereza—Orgullo)

Espiral de muerte

2. ¿Te gustaría recuperar la salud?

5. Repasa la gráfica del corazón

6

6. ¿Qué entiendes de la relación que hay de estar heridos y el tomar decisiones?

7. ¿Qué has aprendido acerca de este gráfico hasta ahora?

8. Lee esta declaración y responde a la siguiente pregunta: ¿En qué maneras has camuflado las partes dañadas de tu vida?

*Actualmente puedes tener un montón de problemas que te abruman. Puedes sentirte derrotado por la forma en que vives. Puede que estés utilizando el camuflaje para no permitir que las personas vean estas áreas de tu vida. (La religión es un ejemplo, pero otro ejemplo sería actuar extrovertidamente en los ámbitos sociales o por el contrario—ser muy privado. O ser indispensable y práctico para que nadie haga preguntas. O ser el que controla a las personas y la información. O poner una cara feliz. Las cortinas de humo tienen muchas formas.) Pero tu sabes que los problemas ocultos salen a la luz. Y si nadie más sabe, tu familia lo sabe. Además, tu te ves a ti mismo desde atrás del escenario. Tu sabes la verdad.*

9. ¿Quién está dudando si está estancado espiritualmente y dónde en su viaje de fe? Busca el Salmo 139:23-24 y responde a la siguiente pregunta: Si quiero estar en camino a la plenitud y la madurez, ¿estoy dispuesto a pedirle a Dios que escudriñe implacablemente mi alma para descubrir lo que Él quiere transformar en mí?

10. ¿Crees que Romanos 8:29 es la aplicación práctica del Evangelio en tu vida? Si fueras a ser conformado a la semejanza de Jesús, ¿Cuán diferente serías por dentro y por fuera de lo que eres ahora?

11. En cuanto a nuestra oportunidad de vivir una vida nueva, la diferencia entre aquellos que viven una vida reformada a los que viven una vida transformada, simplemente es la fuente de su fuerza para vivir esa vida.

REFORMACIÓN = la verdad de Dios vivida en mi propia fuerza.

TRANSFORMACIÓN = la verdad de Dios vivida a través de Su fuerza—lo cual es la idea bíblica "de la gracia".

Como grupo, hablen de cuán diferente sería vivir la vida de creyente por la transformación en vez de la reformación.

12. ¿Tienes dificultad en creer que Dios quiere cambiarte a ti personalmente? Si es así, ¿por qué? Si no es así, ¿por qué estás atascado en el proceso?

13. *Lea y analice la siguiente declaración. ¿Cómo es esta verdad diferente a lo que has oído antes?*

*'Mi gracia es suficiente para ti porque mi poder se perfecciona en la debilidad' (2 Corintios 12:9-10). Lo que Pablo dice es que Dios quiere mostrar su fuerza cuando estamos listos para reconocer nuestra debilidad. Este es el punto: La madurez está en descubrir lo débil que soy, en todas esas áreas donde siento que estoy fallando, donde estoy dependiendo de la carne para satisfacer mis necesidades, Dios no me llama a ser más fuerte para no tomar esas malas decisiones nuevamente.*

*Él me llama a una relación íntima donde dependo de Él para hacer todo eso por mí. Esa es la buena noticia. No se trata de esforzarme más o de simplemente cambiar mi mente. Me voy a mejorar al creerle a Dios y al confiar que en su poder Él se ocupará de estas cosas por mí.*

*¿Cómo voy a dejar mis síntomas? ¿Crujiendo los dientes y haciendo fuerza para dejarlos? ¿Enfocandome en el problema? ¡No! Voy a dejar de hacerlo, admitiendo que no puedo dejar de hacerlo, y centrándome en Jesús y dependiendo en Su poder para cambiarme de dentro y dejar que haga esas cosas por mí. Pregúntate, "¿Cuáles son mis expectativas para este curso? ¿Por qué estoy aquí? ¿Quiero sacar alguna cosa de esto? ¿Realmente espero un cambio?"*

14. Examinen las implicaciones de esta ilustración.

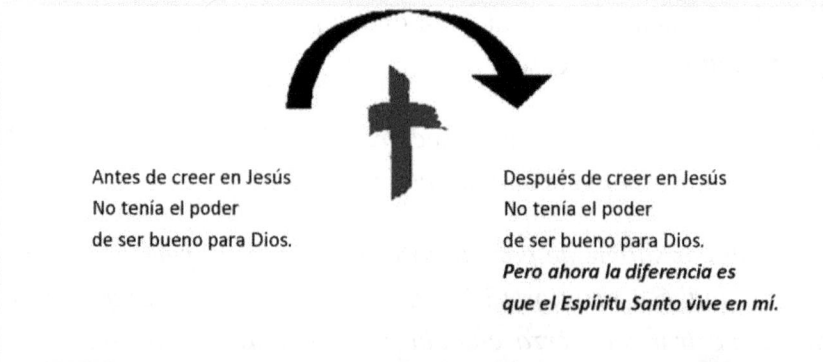

Antes de creer en Jesús
No tenía el poder
de ser bueno para Dios.

Después de creer en Jesús
No tenía el poder
de ser bueno para Dios.
*Pero ahora la diferencia es que el Espíritu Santo vive en mí.*

- ¿Te hace sentir esperanzado o desanimado?

**Al final de esta sesión:** Juntese con otra persona para orar. Comparte algo de tu viaje personal que necesita oración. A continuación, orar por la otra persona.

**Tarea:** La próxima semana estaremos estudiando la forma en que nos metimos en nuestro lío. Para prepararte para esta lección, por favor, haz una lista privada de todas las personas con quien tienes una relación quebrada o tensa, incluyendo a Dios. Pregúntale a Dios por qué esas relaciones fueron tensas o se rompieron.

Lee Romanos 5:9-10. Pasa 15 minutos esta semana pensando en cómo llegaste a confiar en Jesús para tu salvación. ¿Qué cambios has tenido en tu vida que son importantes para ti? ¿Cuánto más quieres que Dios te cambie?

---


## Sesión 2: Porque Luchamos Con Nuestro Lío

1. Revisión de la tarea. ¿Que te revela tu lista de relaciones quebradas o tensas en cuanto a dónde te encuentras?

2. Si estás dispuesto, comparte sobre una de tus relaciones tensas/quebradas. ¿De qué manera has estado culpando a la otra persona por la quiebra de esa relación? ¿En qué parte te haces responsable de esa relación tensa o quebrada?

3. Lee la historia del Jardín de Génesis 3:1-19. ¿De qué manera están tus relaciones quebradas o tensas comparándolas con la historia del jardín?

4. Lee el siguiente pasaje y contesta las preguntas: ¿Cuánto de tu vida está envuelta en guardar secretos?

*Antes, no existían barreras entre ellos, pero a partir de ese momento, siempre sintieron la necesidad de cubrirse y de ocultarse. La vergüenza se convirtió en el lema de todas las relaciones. Yo no sé si a ti te ha ocurrido, pero de todos los amigos que he tenido, nunca, ni en mis relaciones más cercanas, he experimentado un momento en el que alguno no estuviera escondiendo algo del otro, en el que no podíamos revelar todo lo que queríamos. ¿Por qué es tan importante este tema? Porque fuimos creados por un ser único cuya esencia es el amor. El Pecado nos robó la capacidad para recibir amor de Él y dárselo a otro.*

*Que alguna persona nos conozca sin reservación es un deseo humano básico. Y no solo que nos conozca, sino que nos ame incondicionalmente, sin importar cual sea nuestra verdad. Gran parte de nuestras vidas gira alrededor de este deseo, buscamos el amor, aunque no seamos conscientes de esta búsqueda. O nos causa desesperación, porque quizá hayamos descubierto que casi siempre el amor es condicional; la gente nos amará si mantenemos oculta toda la verdad sobre nosotros mismos; no podemos ser transparentes porque eso hará que seamos rechazados, o nuestra verdad puede ser peligrosa porque podría darle a alguien poder sobre nosotros. Algunos hemos tenido que aprender esto de la manera difícil, otros lo saben por instinto.*

- ¿Por qué crees que esto es o no es así?

- ¿Has culpado a la otra persona por lo que está mal en tu vida?

- Lee Proverbios 4:18-19 y Marcos 4:22 y aplicalos a esta pregunta: ¿Cuál es el plan de Dios para aquellos que le pertenecen, en relación con el guardar secretos y contar secretos?

5. ¿Hay áreas en tu vida donde el hacer lo que prefieres, como desafiar, no perdonar, hacer tu propio camino, etc., causó más daño a tus relaciones tensas /quebradas?

6. ¿Crees que estas relaciones tensas o quebradas se quedarán así por el resto de tu vida? Si no, ¿Que necesita sanar en ti para cambiar las relaciones tensas o quebradas que tienes actualmente?

7. ¿Por qué crees que actuamos de la manera que lo hacemos?

8. Un panorama del impacto de la caída en Génesis 3. Según 1 Tesalonicenses 5:23, el ser humano tiene tres aspectos de su

ser—cuerpo, alma y espíritu. Tenemos un cuerpo formado del polvo de la tierra en la que Dios sopló espíritu para que convertirnos en almas vivientes (Génesis 2:7). Cada aspecto se refiere a un reino diferente de la creación, como se ve en el siguiente gráfico. Analicen las implicaciones de la caída y de cómo una persona sin Dios vivirá su vida.

Relacion con el mundo fisico

Relacion con Dios

CUERPO
Deteriorandonos hacia la muerte

ESPIRITU
Muerto para Dios

ALMA
Afectada por la depravacion

Relacion con la gente

9. Observa el siguiente gráfico. Responde a las siguientes preguntas al respecto:

- ¿Dónde estás tú como hijo/a de Dios en el proceso de la salvación?

- ¿Qué nos revela acerca de por qué gente como tu que conoce a Dios continúa luchando en tomar decisiones dañinas y hacer caso omiso a la obra del Espíritu en su vida?

Glorificado-Será salvo
de la presencia del pecado

Justificado--salvado
de la pena del pecado

CUERPO

ESPIRITU

Continúa siendo afectado
por la carne

Comunica la mente del
Espíritu

ALMA

Someterse a sí mismo a la justicia
revelada por el Espíritu en vez de
escuchar a la carne

Santificado--Haber sido salvo del poder del pecado

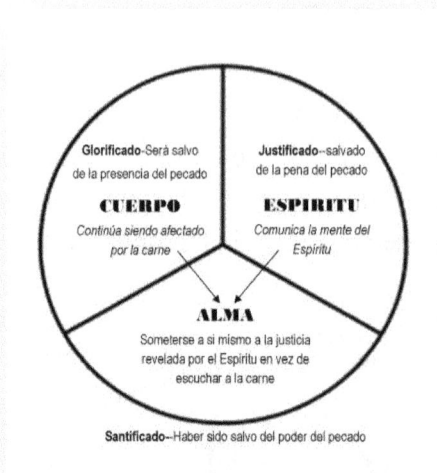

10. Lee Romanos 6:3-9. La resurrección revierte en nosotros el impacto de la caída, restaurandonos de la muerte para ser lo que Dios nos creó a ser.

- ¿Cómo serás cuando este proceso se completa en ti?

- ¿Cómo serás diferente? ¿Como seras Igual?

- ¿Cómo te afecta en la forma que vives tu vida y en tus relaciones?

11. Si Dios te pidiera, ¿cuál sería la última cosa que sinceramente no renunciarías en tu vida, ya sea una relación, una posesión preciada, una búsqueda, una manera de pensar, una posición, etc.?

- ¿Por qué sería difícil entregar eso?

- Evalúa cómo esto se relaciona con que Dios reina sobre ti.

12. Lee la siguiente verdad y responde a esta pregunta: ¿Qué es lo que causa que reacciones emocionalmente, o si no es emocionalmente, racionalmente, con la afirmación de que Dios te ama?

*Esta es la verdad sobre el amor. Como ser humano, tu deseo más profundo es ser amado. Por esta razón estas explorando esta travesía. Lo que buscas en la vida es a Dios. No solo porque Dios es amoroso, sino porque Dios es Amor. Su ser define el amor, de modo que todos Sus actos hacia ti están arraigados en el amor. Tus necesidades te guían hacia Dios, no a alejarte de Él. Aquello que crea división entre tú y Dios no son las consecuencias de tus decisiones, sino: ¿Quién se va a encargar de satisfacer sus necesidades?*

13. Lee Romanos 12:1-2. Las mentiras que tú crees acerca de ti mismo y de otros revelan que Satanás ha llegado a ti a través de tu mente. Tú puedes repetirte estas mentiras todos los días. La renovación de la mente involucra arrancar las mentiras del enemigo con la verdad de quién Dios es y tu relación con El. Tú cooperas con el Espíritu Santo en este proceso:

- Reconocer y nombrar la mentira.

- Reemplazandolo con la verdad de Dios, incluso cuando tus emociones lo rechacen. La verdad viene cuando el Espíritu hace que la revelación acerca de Dios sea clara para ti.

- Vivir la verdad por el poder del Espíritu Santo.

Converse de cómo este proceso podría cambiar la manera que te ves a ti mismo y a la gente con quien tienes una relación tensa/ rota.

**Al final de esta sesión:** Juntese con otra persona para orar. Comparte algo de tu viaje personal que necesita oración. A continuación, orar por la otra persona.

**Tarea:** la próxima semana estaremos estudiando nuestra verdadera identidad como hijos e hijas de Dios. Como preparación, por favor lea Colosenses 1-3, buscando los pasajes donde dice que están "en Cristo" o "con Cristo." Estas dos frases son las formas clave que usa Pablo cuando habla de nuestra verdadera identidad. Mientras identificas cada frase, escribe la verdad que descubres usando la siguiente frase:

En Cristo yo soy/ tengo _____

*Ejemplos:*

1:5 tengo esperanza guardada para mí en el cielo en Cristo Jesús.

1:11 Estoy fortalecido con todo poder de acuerdo con su gloriosa potencia en Cristo Jesús.

Lee el Salmo 46. Pasa 15 minutos esta semana procesando lo que piensas acerca de Dios cuando tú piensas acerca de Dios, especialmente en los momentos confusos y dolorosos de tu vida. ¿Cómo ha cambiado tu fe en Él?

# Sesión 3: Identidad en Cristo-¿Quien Soy?

1. Lee la siguiente declaración y responde a estas preguntas: ¿Por qué la gente tiene miedo de revelar sus luchas internas? ¿Cómo es que este tipo de secreto afecta su viaje hacia la integridad?

Proverbios 27:19 (NVI) "En el agua se refleja el rostro, y en el corazón se refleja la persona." Hay cosas que suceden dentro de ti, algunas de las cuales ni siquiera lo admites a ti mismo,—y mucho menos a otra persona—y no se puede comparar de cómo te presentas exteriormente a los demás.

2. El círculo de transformación ilustra el viaje a la integridad.

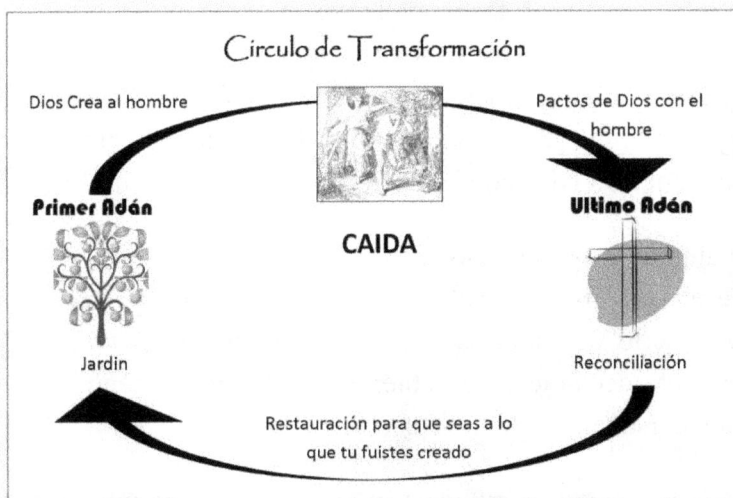

Círculo de Transformación

Dios Crea al hombre

Pactos de Dios con el hombre

**Primer Adán**

**Ultimo Adán**

**CAIDA**

Jardin

Reconciliación

Restauración para que seas a lo que tu fuistes creado

- ¿Que caracteriza al Primer Adán en su ser y en su relación con Dios, según Génesis 2:7-25?

- Leer Romanos 5:12, 15-19. ¿En qué manera los seres humanos fueron impactados por las elecciones tomadas por el Primer Adán? ¿Cómo ha cambiado el Segundo Adán la condición de vida para aquellos que creen?

- ¿Cómo se relaciona Jesús, siendo el Segundo Adán con lo que Pablo dice en Romanos 8:29?

3. Revise los deberes. La historia del jardín nos revela que somos descendientes de Adán. La historia del evangelio nos dice que ahora somos hijos de Dios. Pablo usa la frase "en Cristo" muchas veces en sus escritos para expresar esta verdad. ¿Entonces quien tu eres "en Cristo"?

4. Lean Efesios 1-3 juntos. ¿Qué puedes encontrar de ti mismo en estos versículos acerca de la verdad de estar "en Cristo"? A medida que lean esto juntos, una vez más, complete la siguiente declaración: "Con Cristo soy/tengo _____." Cuando termine, hablen sobre cómo esto se relaciona con Dios conformandote a la semejanza de Jesús.

5. Cualquier cosa que veas quebrantada y pecaminosa dentro de ti ese no es quien tu realmente eres, aunque también puede ser que sea lo que lo estás viviendo en este momento. Lee la siguiente declaración y hablen sobre sus implicaciones en su viaje personal.

*Cuando Dios entra en mi corazón el viejo yo se va y todo lo que queda es el nuevo yo. 2 Corintios 5:17 "de modo que si alguno está en Cristo, nueva criatura es." ¿Qué es una creación? Eso significa que algo ha sido formado que antes no existían. Algo se hizo de la nada. Dios hizo esto en ti y en mí. En otra lección hablamos sobre los tres aspectos del ser humano (cuerpo, alma y espíritu). El punto de vista Hebreo de la humanidad no es que tenemos tres partes-no hay tal cosa como un alma separada de un cuerpo existente. Somos alma, somos espíritu, y somos cuerpo. Y si alguno de estos elementos se ha ido, esa persona ya no existe en esta realidad. No hay almas sueltas flotando alrededor de nuestro mundo. Cuando estábamos muertos en nuestros pecados (por haber nacido en este mundo), estábamos muertos en el aspecto del espíritu y no en nuestra alma (nuestra personalidad, la mente, la voluntad) o nuestro cuerpo.*

*Cuando Jesús vino a nosotros por medio del Espíritu Santo, se nos dio un espíritu viviente para sustituir al que estaba muerto. Así decimos que tenemos un viejo yo dentro de nosotros que lucha contra el nuevo yo, es malinterpretar las escrituras totalmente. No hay un viejo yo. Hay un nuevo yo. Mi nueva identidad es como "hijo de Dios" (Juan 1:12 "a todos los que le recibieron, a los que creen en su nombre, les dio potestad de ser hechos hijos de Dios." Romanos 8:14-15 "Aquellos que son guiados por el Espíritu de Dios son hijos de Dios. No hemos recibido un espíritu de temor, sino un espíritu de hijos adoptivos que nos hace exclamar "Abbá (papá) o a Dios." Gálatas 3:26-4:7 habla de "nosotros, siendo sus hijos y herederos." 1 Juan 3:1 2 "Cuando veamos a Jesús vamos a ser como Él." Esa es nuestra identidad. Ya no somos pecadores. Éramos pecadores. Yo era un pecador. Pero ahora soy un hijo de Dios. Esa es mi identidad. Esa es mi identidad de por vida.*

6. Lea Romanos 6:1-6 y aplíquelo al siguiente cuadro. ¿Qué dicen estos versículos acerca de cómo se realizó este cambio en su identidad? ¿Qué significa ser bautizado en la muerte de Cristo?

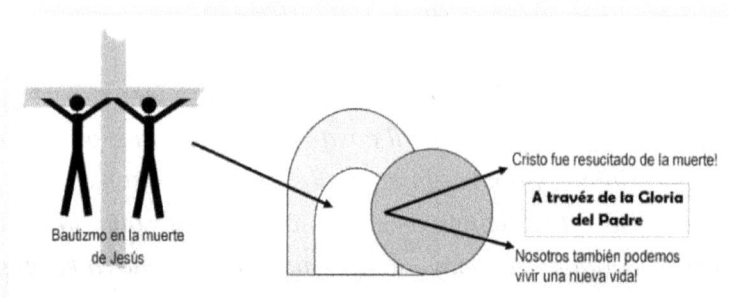

**7.** ¿Por qué nos olvidamos continuamente la razón de que esta verdad es importante para nosotros? Leer Romanos 6:19. Relacionar este versículo con Génesis 3:4 y Juan 8:44.

**8.** ¿Todavía te es difícil creer que Dios quiere cambiarte personalmente?

**Al final de esta sesión:** Juntese con otra persona para orar. Comparte algo de tu viaje personal que necesita oración. A continuación, orar por la otra persona.

**Tarea**: La próxima semana estaremos viendo los síntomas exteriores que son comportamientos evidentes y actitudes que provocan dolor y/o barreras con los demás. Usando el listado para descubrir síntomas, escribe una lista lo más completa que puedas de los síntomas de los cuales eres capaz. Este inventario está disponible y puedes descargarlo para ayudarte con este proceso en:

www.ChurchEquippers.com/espanol

Lee el Salmo 23. Pasa 15 minutos meditando sobre lo que significa para ti tener a Dios como tu pastor.

# Sesión 4: Identificando Tus Asuntos

1. Repase la tarea del inventario de síntomas. ¿Cuáles son algunos de los síntomas en su vida que estaría dispuesto a compartir con el grupo?

2. ¿Cómo las personas se convierten en adictos? ¿Qué significa la adicción para alguien que no abusa de drogas o alcohol?

3. ¿De tus síntomas, cuáles dirías que han pasado a ser adicciones?

4. ¿Qué partes de tu vida están siendo afectadas por tus adicciones?

5. ¿Cómo esas adicciones forman tu identidad personal? (¿Tienes tu o los demás un apodo descriptivo?)

6. Revise las cuatro estrategias fallidas que las personas realizan a fin de lidiar con sus síntomas.

*La represión: intentar lograr mantenerse saludable manteniendo el problema fuera de la vista, una estrategia de auto-engaño. Decidimos que no lo miraremos más, y venceremos, haciendole caso omiso por completo.*

*Los movimientos laterales: Esta táctica de cambio viene en muchas formas diferentes, pero siempre es lo mismo-haciendo cambios externos sin una transformación interior.*

*Juego de la culpa: No importa quién, la causa de su asunto pendiente es culpa de alguien y si es que va a ser tratado de*

22

*alguna manera, deseas que él tome la responsabilidad de arreglarlo.*

**Conformidad exterior**: *Quizás es la táctica más mal entendida, donde la gente se ve como la mayoría de los cristianos. "Solo se obediente. Siga lo que dice la Biblia y cambiaras. Someta sus asuntos pendientes y obedezca a Dios".*

¿Cual es la que tu te ves usando más a menudo para arreglar o protegerte, y por qué?

7. Hablen sobre la diferencia entre reformación (la verdad de Dios realizada en mi fuerza) y transformación (la verdad de Dios llevada a cabo a través de la fuerza del Espíritu Santo en mi).

   • ¿Cómo la diferencia entre estos dos explican las estrategias fallidas que han venido utilizando para arreglar o protegerse hasta ahora?

8. Buscar en Romanos 8:29. Compare su identidad personal con el carácter de Jesús. ¿Cómo se puede entender que Dios obre en tu adicción para conformarte a semejanza de Jesús?
9. Los síntomas siempre indican asuntos más profundos dentro de nosotros. Hablen acerca de dónde piensan que estos síntomas/adicciones están viniendo.

   • ¿Cómo hablar de este tema le afecta emocionalmente?

   • ¿Qué necesita aprender del Espíritu Santo sobre esto?

10. Buscar Juan 5:1-16.

- ¿Cuál es la pregunta clave que Jesús hizo?

- ¿Por qué es importante esa pregunta?

- ¿Qué hubiera pasado si él había dicho "no"?

- ¿Que revela la respuesta del hombre en el versículo 7 sobre los sus intentos para estar bien?

- ¿Por qué crees que Jesús le hizo tomar su lecho en un día de reposo?

- ¿Cómo puedes entender la pregunta de Jesús relacionándola con tu propia necesidad de estar bien?

- ¿Dónde te encuentras personalmente para responder a la pregunta de Jesús? ¿Qué palabras reflejan tu estado actual? La esperanza. La confianza. El temor. Preguntas. Determinación. La ira. Rendirse.

11. Lee la siguiente cita y responde a estas preguntas: ¿Te cuesta creer esto acerca de Dios?

*¿Cómo puede Dios responderte en este momento? ¿Está Dios disgustado con? Has sido educado para creer que otras personas son más amadas y aceptadas por Dios porque parece que tienen todo en orden? Oseas tiene que ver con Dios trayendo juicio sobre su propio pueblo. Pero examinemos Oseas 11:1-4 Dios, habla sobre su amor por su pueblo, dice, "Mira lo que he hecho para sacar a mi pueblo de la esclavitud." y añade en 11:8-9 "Yo soy Dios y no hombre." Él está diciendo que su forma de tratar a su pueblo no sigue la forma en que los hombres se tratan los unos*

*a los otros, señalando con el dedo y distanciando las relaciones para siempre. Dios no nos responde a nosotros como nosotros pensamos que debería o podría ser. Él nos ama incondicionalmente, de modo que incluso en nuestro propio lío, Él todavía nos ama y planea restaurarnos. Nos merecemos el juicio pero Dios no responde a nosotros de esa forma. No es como la gente. El no dice, "Así que usted puede estar con personas de mi iglesia, pero usted tiene que sentarse en la fila de atrás y mantener la boca cerrada, porque tu eres un producto dañado".*

- ¿Qué tan seguro te sientes acerca del amor de Dios hacia ti?

- ¿Qué se necesitaría para que estés listo en pedirle a Dios que realice una búsqueda implacable en tu corazón para mostrarte lo que necesitas saber para estar bien?

**Al final de esta sesión:** Juntese con otra persona para orar. Comparte algo de tu viaje personal que necesita oración. A continuación, orar por la otra persona.

**Tarea:** la próxima semana estaremos enfocados en cómo y por qué las personas están heridas. Programar el tiempo delante de Dios esta semana y haga el inventario de las heridas del corazón que se puede encontrar en:

www.ChurchEquippers.com/espanol

Leer Colosenses 3:1-3. Pasar 15 minutos pensando cómo su vida terrenal en el pasado contrasta con la vida que Jesús te está dando ahora. ¿Estás donde deseas estar en tu viaje de fe?

# Sesión 5: Dolor del Corazón

1. Leer Mateo 12:34 y 15:18-19. En la Biblia el corazón es un lugar donde las emociones y los pensamientos racionales son considerados para tomar decisiones acerca de la vida.Hablen de cómo esta definición afecta tu punto de vista de las decisiones que has tomado en tu propia vida.

2. Hablen sobre las implicaciones del dibujo siguiente, a la luz de tu propia vida. Describe una decisión que has tomado que ahora sabes que fue hecha por tus emociones dañadas anulando tu pensamiento racional.

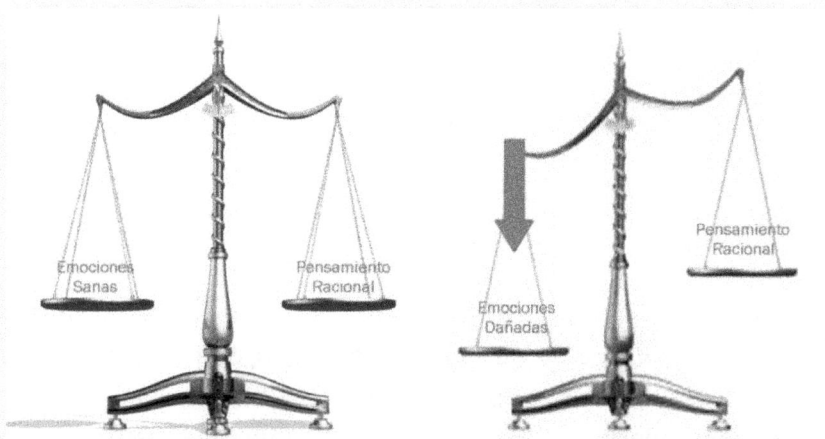

3. Revisar las tareas. ¿Qué descubriste en tu historial emocional?

4. Hablen sobre la idea de las capas en las heridas. A veces las heridas más recordadas son las infligidas recientemente. Es útil hacer conecciones entre los síntomas o las adicciones en tu vida con el momento cuando te hirieron inicialmente. ¿Puedes

ver un ciclo similar de acontecimientos dolorosos en la historia de tu vida? ¿Desde cuando puedes recordar la aparición de los síntomas?

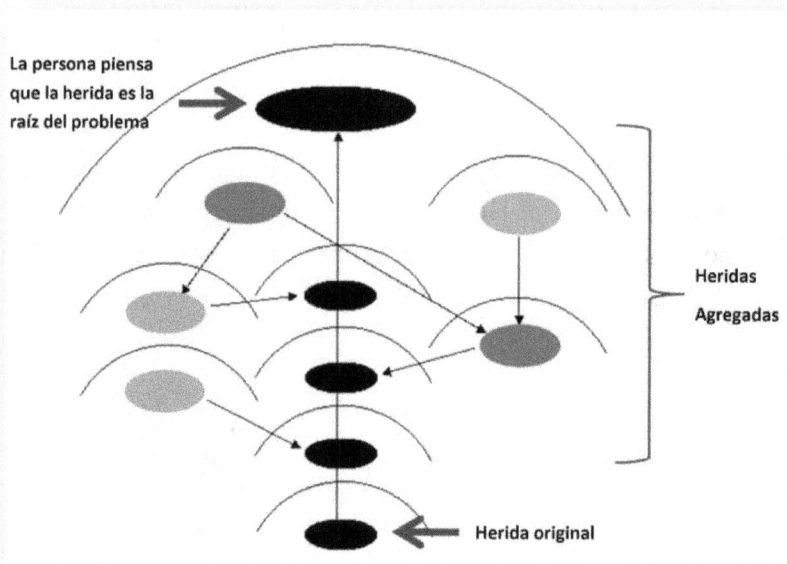

La persona piensa que la herida es la raíz del problema

Heridas Agregadas

Herida original

5. Leer la siguiente historia y responde a las siguientes preguntas: ¿Qué tipo de heridas crees que esta mujer tenía? ¿Cómo eligió tratar sus heridas? ¿Por qué crees que ella tomó esas decisiones?

*Frank comenzó a ayudar a una mujer atrapada en una situación asombrosa. Creció en una familia segura de personas que seguían a Jesús, se casó con un joven empresario prometedor. Juntos experimentaron el éxito financiero y trajeron al mundo unos chicos lindisimos. Luego las cosas comenzaron a ir mal. Las decisiones incorrectas de negocio del marido lo llevó a la prisión por mucho tiempo. Sus bienes fueron confiscados para pagar a los acreedores. Ella de repente se quedó sin dinero para vivir y sin habilidades para trabajar.*

*Todos estos eventos, el encarcelamiento de su marido y el no poder vivir juntos, además de la vergüenza de una situación dolorosa y tener que afrontar el futuro sola y sin preparacion, fueron grandes heridas.*

*Frank la contrató en su empresa y le ayudó a ganar los ingresos que necesitaba para vivir. Pero para el asombro horrorizado de todos los que observaban, ella comenzó a tener una relación sexual con un hombre casado que trabajaba allí. Frank la llevó aparte y la aconsejó sobre el daño que se estaba haciendo a sí misma y a sus hijos y cómo ella estaba traicionando a Jesús.*

*Nada de lo que él dijo fue escuchado. Ella fue la amante de este hombre, hasta que finalmente él se divorció de su esposa. Ella se divorció de su esposo encarcelado y se casaron. El resto de la historia está llena de tristeza también. ¿Por qué hizo esto esto? Nada en su pasado ni insinuaba que ella podría tener una vida tan sórdida como esta. Ella nunca había cruzado los límites de la decencia, había sido una hija, esposa y madre cariñosa. Ella nunca dejó de ir a la iglesia, incluso durante su aventura con este hombre.*

6. Reflexiona un poco más en la historia anterior mediante la lectura de la siguiente declaración. A continuación, responda a estas preguntas: ¿De qué manera son un verdadero peligro para usted estas emociones dañadas? ¿Quién está detrás de lo

que transmiten las mentiras de tus emociones dañadas? ¿Por qué es importante saber esto?

*Diríamos que la mayoría de las personas en esta sala son bastante normales. Pero hay ciertas cosas que yo podría decir que provocarían que tus emociones dañadas salgan. En la mayoría de las áreas están bien, pero en ciertas áreas tus emociones siguen gobernando, te siguen diciendo cual es la realidad. Te puedes sentar con algunas personas que parecen normales hasta que comienzan a hablar acerca de su matrimonio o algún otro tema.*

*Entonces, de repente se calientan, se ponen emocionales, y se le llenan de lágrimas los ojos o estiran su mandíbula y aprietan los dientes. Y dices, "Oh ¿qué está pasando aquí, por qué están actuando de esa manera?" Bueno, en esa área de su vida fueron dañados, y el dolor de su corazón ha afectado sus emociones al punto que ya no se puede hablar racionalmente de ese tema.*

*Sus emociones han creado una falsa realidad. Y si te atreves a contradecir lo que están diciendo acerca de este asunto y decir que en realidad no es cierto, su ira será orientada hacia ti. ¿Por qué? Porque sus emociones dicen "esta es la realidad y si no aceptan la realidad me están mintiendo a mí". ¿Quién les miente a ellos? Tu no le mientes. Sus emociones les están mintiendo. El pecado en su corazón está utilizando sus emociones para decirles mentiras que están dirigiendo sus vidas. Y las personas toman decisiones basándose en estas cosas. Y estas decisiones los van a llevar a algún lugar. Los puede llevar a la destrucción.* ¿Crees que las heridas de tu corazón que te acuerdas fueron infligidas deliberadamente, accidentalmente, o inadvertidamente?

- ¿Por qué crees que la(s) persona(s) te hirio/eron?

- ¿Te hicieron "sentir" que la herida fue tu culpa?

- ¿Cómo es que la(s) acciones de esa/s persona(s) afectaron tu habilidad de recibir el amor de él o ella?

7. En la mayoría de las veces las personas suelen tratar de manejar sus heridas internamente. En el proceso, desarrollan una conversación interna (ejemplos: Lo hicistes de nuevo... Me rindo...Eres tan estúpido...Soy mejor que ese idiota...Tengo que usar/mirar/comer...Me siento tan sola...No le importo a nadie).

- ¿Cuál es la naturaleza de tu conversación interna? y ¿qué revela esto de cómo te entiendes a ti mismo/a en este momento?

- Cuales de estas cosas han surgido en tu vida, por haber sido herido: 1) la negación de que lo sucedido te afectó; 2) un sentido de pérdida y victimismo; 3) La creencia de que eres incapaz de hacer algo para poder sobrellevar eso; 4) La determinación de demostrar tu valía.

8. ¿Eras cristiano/a en el momento en que recibistes las heridas que te acuerdas? Si lo eras, ¿cómo afectaron esas heridas tu relación con Dios?

9. Lee la siguiente declaración y responde a esta pregunta: ¿Qué piensas que tiene que suceder entre usted y Dios para poder avanzar hacia la curación?

*Esto tiene que ver con ser honesto en relación a mis heridas. El objetivo es poder admitir, "Sí, tengo heridas que no he permitido que Dios las resuelve."*

**Al final de esta sesión:** Juntese con otra persona para orar. Comparte algo de tu viaje personal que necesita oración. A continuación, orar por la otra persona.

**Tarea:** La semana próxima estaremos trabajando sobre las elecciones de pecado que nos perjudican. Dedica tiempo para hacer el inventario de pecado mortal. Es muy larga y tendrá tiempo extra. Lo encontrarás en línea:

www.ChurchEquippers.com/espanol

Leer Romanos 8:15. Pasar 15 minutos pensando en las áreas de tu vida donde todavía tienes miedo. ¿Cómo es que el ser hijo de Dios te libera de esos miedos?

# Sesión 6: El Pecado en Mi

1. ¿Qué has aprendido sobre ti mismo hasta ahora? ¿Cómo esta nueva comprensión de tí mismo te afecta emocionalmente? ¿Espiritualmente?

2. Lee la siguiente declaración y responde a esta pregunta: ¿Cuál es la diferencia entre confort y curación?

*No fuimos creados por Dios para ser capaces de manejar el dolor en nuestras almas. Por causa de que no podemos vivir con dolor, estamos buscando un alivio a ese dolor. Esto nos lleva a tener que hacer una elección en un croce de caminos. Lo que escogemos tendrá como resultado el obtener salud o aumentar el daño. Mientras que esta no es una elección de una vez y para siempre que nunca podrá será vuelta a considerar, lamentar o revocar, las elecciones catapultan nuestras vidas hacia un destino u otro, en cada momento que vivimos. No importa cuán espiritual creas que eres o cuan buena crianza has tenido. El dolor demanda confort y nuestro trasfondo no nos impedirá que elijamos algo que nos conforte y que nos lleve a un destino de destrucción.*

3. Lea Romanos 7:14-23.

   - ¿Qué es lo que Pablo revela sobre su propio viaje de ser conformado a la semejanza de Jesús?

   - ¿Cuál es la diferencia entre pecados que hacemos y el *pecado en mí*?

   - ¿Por qué crees que preferimos elegir el *pecado en mi* para ser sanados?

4. Conversen sobre los siete pecados capitales y sus síntomas. Conecte los síntomas de los siete pecados relacionados a su historia familiar personal.

***Orgullo:*** *"Yo soy el centro de mi mundo, así que voy a hacer lo que quiero."* Síntomas relacionados: deseos de poder y control, disensión, aislamiento, actitud defensiva, ambición egoísta, alardear, excesivamente, agresivo, excesivamente competitivo, facciones, brujería, legalismo, mentira, superioridad, ostentación, autoafirmación.

***Apetito (Gula)****:* *"Yo tengo que disfrutar."* Síntomas relacionados: apetitos, medicamentos, accesorios sexuales, alcohol, comer en exceso, gasto, juntar, adicción al trabajo, apego a las relaciones, juego de alto riesgo

***Lujuria****:* *"Yo deseo placer sexual sin límites".* Síntomas relacionados: inmoralidad, impureza, libertinaje, pornografía, homosexualidad, serie de relaciones, incesto, bestialidad, casado pero en la caza, contacto inadecuado, bromas obscenas, mirando orgías sexuales.

***Ira:*** *"Yo estoy ofendido y me vengare."* Síntomas relacionados: odio, discordia, rabia, calumnia, violencia, peleas, argumentos, amargura, rebelión, violación, divorcio, alberga rencor.

**Avaricia:** *"Yo quiero más y más."* Síntomas relacionados: acumulación, insatisfacción con los ingresos, acaparamiento, negarse a ser generosos, idolatría, juegos de azar, haciendo caso omiso a los pobres

*Envidia: "Yo merezco lo que tienen."* Síntomas relacionados: hostil, decepción, contienda, división, chismes, celos, socavando a otros, apuntando con el dedo, inferioridad.

*Pereza: "Yo no soy responsable por mí mismo."* Síntomas relacionados: no cambia decisiones, imagen pobre de sí mismo, depresión, ataques de pánico, auto sabotaje, victimismo, pereza, cambio de culpa, falta de interés educativo.

5. Revisar las tareas.

   - ¿Cómo se compara tu observación inicial con el inventario real?

   - ¿te sorprendió por el resultado? ¿Por qué?

   - ¿Cómo te sientes personalmente acerca de lo que has descubierto a través de este inventario?

6. Todo pecado es adictivo. Cuando tu te ves actuar en cierta forma, sabes que has hecho una decisión interna de consolarte a ti mismo fuera de Dios. Lee la siguiente declaración y responde a esta pregunta: ¿Por qué tienes que aceptar ambas como verdaderas?

*Hay dos verdades que tienes que admitir sobre la adicción si es que vas a ser liberado. La primera es que la adicción es poderosa, mucho más potente que lo que tu eres. Esto no es sólo acerca de las drogas o el alcohol. Todas las adicciones son poderosas. Tu no serás capaz de detenerte a ti mismo, no importa cuánto lo intentes.*

*Sea cual sea tu adicción se ha apegado a tus emociones dañadas. A través de ellas, gobierna sobre tu voluntad aun cuando sus pensamientos racionales te advierten de su obra destructiva. Tu mente puede ver donde la adicción te dirige, pero tu asi llamado "libre albedrío" no responderá para rescatarte, ni aunque estés al borde de la muerte. Asi de poderosa es la adicción.*

*La segunda verdad es que realmente tú disfrutas de tu adicción. Son actividades de placer. No tiene sentido cristianizar nuestro dilema. Miramos pornografía porque nos gusta la sensación que tenemos al ver gente desnuda. Nos vengamos de aquellos que nos lastiman y nos encanta. Lo demostramos comiendo de más, no podemos decirle basta a la tarta! Nuestra conducta agresiva mientras conducimos está justificada y siempre sentimos que tenemos la razón. Siempre hay un mañana para encontrar trabajo, por lo que disfrutamos hoy de nuestra maratón televisiva y sin ningun sentido de culpa. ¿Y a quién no le gusta gastar dinero, incluso si tenemos que robarle a Pedro para pagarle a Pablo? Cualquiera que sea nuestra adicción, lo hacemos una y otra vez porque nos hace sentir bien de alguna manera, aunque nos está llevando a la destrucción. Mentimos sobre este punto a los demás e incluso a nosotros mismos, porque se supone que odio el pecado. Pero es tan divertido! Es este aspecto de la adicción que nos atrae todavía mientras que desesperadamente le pedimos a Jesús que nos rescate.*

7. Revise las dos cosas que necesitamos que Jesús haga por nosotros. ¿Cual es la más difícil de pedirle a Él?

8. Calcula el costo de esta pregunta. ¿Qué es lo que realmente quieres hacer en relación a tus asuntos internos? ¿deseas realmente estar bien?

9. Lee Santiago 5:16. ¿Por qué crees que la confesión lleva a la sanación?

- ¿Cuales son las elecciones de las cuales eres consciente que has hecho del *pecado en mi* que necesitas que Jesús te libere? ¿Estás dispuesto a confesar y arrepentirte de estas elecciones?

- ¿Entiendes lo qué significa "arrepentimiento"?

10. Estudio de Gálatas 5:22-25. Este pasaje tiene que ver con el Gran Intercambio-lo que Dios nos da en lugar de los pecados mortales.

- ¿Cómo es que el fruto del Espíritu contrarresta los pecados mortales en tu vida?

- ¿Qué quiere decir Pablo con "mantengámonos al paso con el espíritu"?

- ¿Cómo mantener el paso con el espíritu trae cambios y plenitud en su vida?

**Al final de esta sesión:** Juntese con otra persona para orar. Comparte algo de tu viaje personal que necesita oración. A continuación, orar por la otra persona.

**Tarea:** Este es un tipo distinto de asignación. Esta semana, cuando pases tiempo a solas con Dios, vas a tomar 60 segundos completos para estar callado ante el Padre. Este no es un tiempo de oración, es un tiempo para escuchar/recibir de parte de Dios. Comienza leyendo Hebreos 4:14-16. Cuando estés listo, reconoce que estás en la presencia de Dios. Díle que estás listo para recibir lo que Él tiene para ti. Estate en silencio y escucha su voz. Después de que el tiempo se termine, escribe lo que has experimentado en ese momento. Si es posible, práctica estar en su presencia de esta manera todos los días de esta semana.

# Sesión 7: Intimidad a Través del Descanso

1. ¿Qué has aprendido acerca de ti hasta ahora? ¿Cómo esta nueva auto-comprensión te afectó emocionalmente? ¿Espiritualmente?

2. Lea la siguiente declaración y responda a la siguiente pregunta: ¿Por qué el dejar de intentar gestionar mi propio proceso de curación será mi responsabilidad principal que debo mejorar?

*¿Por qué el buscar una relación profunda con Dios es tan importante? porque la última línea de ataque de Satanás para prevenir que mejoremos es que centremos nuestra atención en luchar para mejorar en lugar de conocer a Dios. Mientras vemos cuál es el problema, su mentira es animarnos a ir tras él haciéndonos creer erróneamente que resistiendo las opciones del* pecado en mí *o aún la curación de* las heridas del corazón *es algo que nosotros debemos manejar personalmente. Esta mala dirección es una ilusión en mayor escala que la del mago David Copperfield. No podemos pelear el camino hacia la salud espiritual. Nunca se pudo. Nunca se podrá. Pablo registra que el punto cuando se dió cuenta de su propia debilidad de no poder cambiarse a sí mismo fue cuando la gracia prometida de Dios se hizo realidad en él (2 Corintios 12:9). Esta es la razón por la cual él se jactó en sus debilidades, porque podía ver a Dios haciendo lo que él no podía hacer por sí mismo. Esencialmente, cuando nos centramos en el problema, nos encontramos con que no nos queda nada de atención para Aquel que realmente nos libera y sana.*

3. En una escala de 1-10, ¿cuánta culpa sientes de tu pasado? En la misma escala, ¿Cuán enojado estas de tu pasado?

- Si no sientes culpa o enojo ¿hay alguna emoción diferente que utilizarías para describir tu vida pasada?

- ¿De qué manera estas emociones afectan tu relación con Dios?

- ¿Estás listo para mejorar? ¿Cómo es que la gente se mejora?

4. En cada uno de las oraciones pastorales de Pablo en Efesios (1:17; 1:18-19; 3:14-19) usa la palabra que traducimos "conocer". El ora para que ellos conozcan a Dios mejor, conozcan la esperanza de las riquezas y de su poder, y conozcan el amor de Cristo. La palabra significa algo más que el conocimiento de un libro. Esto significa un conocimiento que proviene de la experiencia. ¿En qué formas has experimentado a Dios, Sus dones y Su amor en tu vida?

5. En la primera oración Pablo ora en Efesios 1:17 es una oración de intimidad—en la que Dios te dará el espíritu de sabiduría y revelación para conocerlo mejor." ¿Cómo es que la gente generalmente llegan a conocerse mejor?

6. Revisar las tareas. ¿Qué es lo que Hebreos 4:14-16 te dice acerca de por qué es seguro el estar con Dios?

- ¿Qué aprendieron acerca del estar con Dios sin un programa?

- ¿Cuando estuvistes en la presencia de Dios?

- ¿Cuando te distes cuenta de que estabas en la presencia de Dios?

- ¿Que es el descanso en términos de una experiencia espiritual?

- ¿Cómo él estar ante Dios sin un programa es descanso?

- ¿Por qué necesitas pasar tiempo ante Dios descansando?

7. Estudie la historia de Elías en 1 Reyes 19:1-18.

- ¿Qué le sucedió a Elías antes de que él realmente estuviera dispuesto en escuchar a Dios?

- ¿Qué te parece lo que el viento, el terremoto y el fuego en la historia te dice acerca de cómo vemos a Dios?

8. Lee la siguiente declaración y responde a esta pregunta: ¿Por qué personalmente necesito estar con Dios sin un programa?

*Descansar es estar con Dios sin un programa. Significa estar dispuestos a escuchar lo que Dios tiene para ti—misericordia, gracia, amor, restauración. Tu puedes orar o leer la escritura mientras estás con Él, pero el resto, es un tiempo con Él sin estructuras, permitiéndole que te guíe y te revele sus deseos. Esto es construir una relación personal con Dios.*

- Aparta un tiempo.

- Encuentra un lugar fuera de tus actividades diarias y distracciones.

- Ve a algun lugar donde estés físicamente cómodo mientras estás con Dios.

- Es bueno decirle a Dios lo que quieres de Él—paz, gracia, misericordia, etc.

- Lee las Escrituras buscando a Dios que te hable.

- Analice su día con Dios y descubra su presencia durante ese día.

- Haz que el estar a solas con Dios sea una parte regular de tu vida. Esto no es un lujo. Es tan esencial como respirar y comer.

9. Un impacto importante del proceso es cambiar tu creencia acerca de Dios Padre. En Mateo 5:8, Jesús nos dice que los puros de corazón verán a Dios. "Ver a Dios" es verlo tal como Él es, en vez de la imagen que hemos proyectado de Él como resultado de nuestros temores y rebeldía. Uno de los orígenes de nuestra falsa imagen de Dios, son nuestros padres. ¿Como eran tu padre o tus padres? ¿En qué manera tu padre o padres nublan tu comprensión de Dios?

10. Es el momento de descansar en la presencia de Dios. Durante este tiempo, estás invitado a escuchar activamente, y a participar en las actividades mencionadas. Ahora vamos a ir a algún lugar para estar a solas con Dios y pasar 20 minutos practicando el descanso. Comience este momento con este pensamiento:

**Primero:** *Acercate* a Dios dentro de ti sin temor al rechazo. Esto toma humildad. Tu no tienes derecho a entrar en la presencia de Dios porque has sido bueno o malo. Tu no tienes ningún derecho propio. Pero El te está invitando.Y Él ha pagado el precio para eliminar todas las barreras entre ustedes. Es algo humillante el ir ante Dios y decir: "Aquí estoy, soy tu hijo".

**Segundo**: *Cree* que Él está contigo y tu con Él. Y que Él te está entregando lo que necesitas. Necesitas misericordia y compasión, confort y afecto.Tu necesitas gracia—el poder de hacer lo que Dios quiere que hagas.

**Tercero:** *Recibe* ternura y poder, incluso cuando sientes que mereces su juicio.

Asignación: Ve y descansa en la presencia de Dios durante 20 minutos.

11. Ahora que estamos de vuelta, ¿Si es que la tuvistes, qué experimentastes con Dios? ¿Qué aprendieron acerca del descanso?

12. Cava un poco más profundo. ¿Qué le preguntaría a Dios acerca de tratar con el dolor en su corazón la próxima vez que usted descanse en su presencia?

La declaración de clausura debe ser leída en voz alta:

- *Entiende esto, tu no vas a crecer en tu capacidad para descansar en una o dos sesiones rápidas con Dios.*

- *Estar con Dios sin un programa, en vez de ello escucharlo y recibir de Él tiene un ángulo de aprendizaje.*

- *Debes reservar un tiempo intencionalmente y alejarte de lo que te pueda distraer.*

- *Puede que lleve meses antes de que comiences a sentir que realmente estás listo para escuchar a Dios cuando estás con Él. ¿Por qué? Porque tenemos la mente ocupada. En lugar de la habilidad de escuchar en silencio, hemos cultivado un cerebro orientadas a ráfagas cortas de enfoque y multitarea.*

- *No abandones esta forma de llegar a Dios. Él ya está ahí, y listo para conocerte mejor.*

- *También te ha dado su Espíritu para que esto pueda ser real en tu vida.*

- *La práctica. Escucha. Espera. Descansa.*

- *Con en el tiempo, a medida que haces esto en forma consistente, comenzarás a tener el tipo de relación con Dios que siempre has deseado, y mucho más.*

**Al final de esta sesión:** Juntese con otra persona para orar. Comparte algo de tu viaje personal que necesita oración. A continuación, orar por la otra persona.

**Tarea:** La próxima semana vamos a mirar una segunda práctica que Dios nos ofrece para traer transformación en tu vida-apropiación. En preparación para esta reunión, lee los siguientes versículos (Romanos 5:10; Romanos 6:4; Gálatas 2:20; Colosenses 3:1-4) y piensa en esta pregunta: ¿Cómo puedo experimentar la realidad de que Cristo viva su vida en mí?

Dedique cinco minutos al día descansando en la presencia de Dios.

# Sesión 8: Intimidad por Apropiación

1. ¿Qué has aprendido de Dios hasta ahora? ¿Cómo te ha afectado este nuevo conocimiento emocionalmente? ¿Espiritualmente?

2. Estudie la siguiente gráfica.

**Las fases de la Salvación**

| Punto donde fui salvo | Recorrido de mi vida | Punto donde mi salvación sera completada |
|---|---|---|
| **Justificación** | **Santificación** | **Glorificación** |
| Fui salvo de la pena pecado | Estoy siendo salvo de del poder del pecado | Seré salvo de la presencia del pecado en la muerte o en el retorno de Jesucristo |
| Romanos 3:23-24 Galatas 3:24 | 1 Tesalonicenses 5:23 Romanos 15:16 | Romanos 8:30 Filipenses 3:21 |

- ¿Dónde en este momento te encuentras en el proceso de salvación?

- ¿Qué te dice eso d ttu viaje de fe?

3. Tarea de revisión. ¿Cómo entiendes el experimentar la realidad de Cristo viviendo en tu vida? ¿Cómo se aplica esta verdad bíblica a tu camino de fe?

4. Busca Juan 1:33, 14:25-26; Efesios 1:13; Hechos 1:8; 2:38; Romanos 8:9-11; 2 Corintios 3:17-19 y responde a la siguiente pregunta: ¿Cómo afecta el hecho de que Jesús viva su vida en

nosotros cuando recibimos el Espíritu, quien cambia las reglas de juego?

- ¿Cómo es que recibiendo el Espíritu explica la diferencia entre reformar su carácter a ser transformado a la imagen de Jesús?

5. En Hebreos 4:16, el autor hace una distinción entr erecibir misericordia y obtener la gracia de Dios

- ¿Cómo se diferencian estos dos regalos de Dios (misericordia y gracia)?

- ¿De qué manera la gracia se relaciona con la presencia del Espíritu Santo en ti?

- Busque Romanos 8:29 otra vez. ¿Que hace la gracia por ti que tu no puedes hacer por tí mismo?

- Busca 1 Juan 1:9 y ve lo que Dios está haciendo cuando da misericordia y cuando Él aplica la gracia.

6. Lee la siguiente declaración y responde a la pregunta: ¿Has sentido como que hay algo que necesitas de Dios para que seas salvo de la fuerza del pecado, alguna cosa que todavía no te fue dada?

*Note la progresión aquí. Tito 2:11-14: "Porque la gracia de Dios se ha manifestado para salvación a todos los hombres enseñándonos que, renunciando a la impiedad y a los deseos mundanos, vivamos en este siglo sobria, justa y piadosamente, aguardando la esperanza bienaventurada y la manifestación gloriosa de nuestro gran Dios y Salvador Jesucristo, quien se dio a sí mismo por nosotros para redimirnos de toda iniquidad y purificar para sí un pueblo propio, celoso de buenas obras."*

*¿Qué es lo que nos está pasando? Estamos siendo salvos. ¿Cuál es el poder subyacente para eso? El poder para nuestra salvación del poder del pecado, es la gracia de Dios "que trae salvación y nos enseña a decir: "No" Lo que tienes que ver es que ya tienes todo lo que necesitas de Dios para hacerte santo. No estás a la espera de algo. Tu no tienes que orar por ello. Tu no tienes que envejecer en el Señor para tenerlo.No es que es que tienes que leer más la Biblia o algo por el estilo. Tampoco tienes que esperar a que alguien venga y ponga las manos sobre ti. Dios ya te lo ha dado. El asunto es que debemos apropiarnos o apoderarnos de lo que Dios ya nos ha dado.*

*Hacemos de esto algo demasiado difícil. Empezamos en este punto a considerar nuestro propio rendimiento y decimos que debemos dejar de hacer esto y empezar a hacer aquello. Mira, no se trata de rendimiento. Si hay una cosa que tengo que aprender en el proceso de apropiación es que tengo que descansar. Tengo que parar de intentar ser bueno por mi propia fuerza. No puedo vencer lo que está mal en mi. Tampoco se puede vencer, centrándome en ello. Presta atención a eso. No pueden vencer tus síntomas, ni tus adicciones, ni tus problemas, conpor el solo hecho de enfocarte en ellos. A veces, los consejeros y los maestros cristianos concentran tanto a la genteo en lo que está maleque se sienten agitados constantemente. Siempre están golpeándose a sí mismos. Siempre están preocupados por lo que no pueden vencer y nunca reposan. Y el reposo tiene que ver con el centrar tu intimidad en Dios. Cuando tengo intimidad con Dios lo que me está agitando va a desaparecer por Su presencia en mi vida.*

- ¿Por qué esta última pregunta es importante?

7. La segunda oración que Pablo ora en Efesios 1:18-19 es una oración de discernimiento. Él está orando para que sus lectores entiendan por la experiencia, tres cosas que les han sido dadas por Dios como resultado de poner su fe en Jesús. ¿Que esperanza, riqueza y poder se te ha dado de acuerdo a este pasaje?

   - Comparar estos versos con Efesios 1:3 y 2 Pedro 1:3-4. ¿De qué manera te ha equipado Dios para salvarte del poder del pecado? ¿Qué tienes que hacer en lugar de pecar?

   - Cuando tu eres tentado o estás bajo un ataque espiritual, ¿es necesario pedirle a Dios que te de algo más de lo de lo que Él ya te ha dad?

   - ¿Qué significa para ti "apropiarte"?

   - ¿Alguna vez se te ha negado algo que era tuyo?

   - ¿Cómo diferencias tu camino de fe y el ser conformado a la semejanza de Jesús?

8. Busque Gálatas 5:22-25. ¿Qué es lo que Dios nos da como intercambio por la vida de la carne?

   - ¿Cómo puede alguien mantener el paso con el Espíritu? ¿Por qué es importante que lo haga?

9. Lee la siguiente declaración y responde a esta pregunta: ¿De qué manera difiere la transformación de cualquier curso de superación personal que tomes?

*No sólo te estás convirtiendo en una mejor persona, sino que el Espíritu está desarrollando en ti los atributos de Cristo como tu carácter principal.*

10. Profundiza un poco más. ¿De qué problema eres conscient een este momento enttu camino de fe donde necesitas ejercer la apropiación?

Lee la siguiente declaración y responda a esta pregunta: ¿Cuál crees que será tu mayor desafío para darte cuenta de la necesidad de apropiación?

*Miles de Stanford escribió hace años, "Con el fin de apropiar algo en nuestro caminar diario en Cristo, hay dos elementos esenciales: ver lo que ya es nuestro en Cristo y ser conscientes de nuestra necesidad de ello." Veo quedloque está aguantando a tanta gente el poder experimentar la libertad de los asuntos pendientes es nuestra incapacidad de admitir nuestra necesidad, antes que la falta de suministro. Es nuestra decisión e levitar el ser auto-conscientes que nos dejará sin esperanza y abiertos a las mentiras del enemigo que el pecado en mí es nuestro único consuelo.*

11. Busque 2 Corintios 2:11: Satanás tiene un plan para destruirte, y hay uno de ellos del que tal vez no eres consciente. ¿Si eso que esta muriendo te atrae hacia la muerte y aquello que vive te atrae a la vida, ¿te das cuenta de lo que estás apropiando?

- ¿Qué es lo que tienes que hacer para cambiar esto si es que no te has dado cuenta?

**Al final de esta sesión:** Juntese con otra persona para orar. Comparte algo de tu viaje personal que necesita oración. A continuación, orar por la otra persona.

**Tarea:** La próxima semana vamos a ver una tercera práctica que Dios ofrece para transformar tu vida,--la meditación en el amor de Dios. Tómate el tiempo esta semana para apartarte de todas las distracciones de la vida. En quietud, enfoca tu mente en lo mucho que Dios te ama.

Pasar cinco minutos al día descansando en la presencia de Dios.

Esta semana, cuando sienta la fuerza de las opciones del pecado en mí, apropiase de la provisión de Dios para ti. Anotar los resultados.

# Sesión: 9 Intimidad a Través de la Meditación en el Amor de Dios

1. Revise las tareas a la luz de la pregunta: ¿Qué ha aprendido de Dios hasta el momento? ¿Cómo este nuevo conocimiento lo afectó emocionalmente? ¿Espiritualmente?

2. Buscar Colosenses 1:6-14. Según estos versículos, ¿qué has ganado al ser rescatado por Dios? También según estos versículos, ¿qué puedes esperar que suceda en tu vida como resultado de que Dios te llene con el conocimiento de Su voluntad?

   - ¿Con qué frecuencia te sientes desanimado acerca de dónde estás en su camino de fe en relación a lo que estos versículos afirman?

   - ¿Cuán asegurado tu te sientes de que estás con Dios en tu camino de fe?

   - ¿Por qué importa cuán asegurado tu te sientes de que estás con Dios en tu camino de fe?

3. Busque Hebreos 8:7-13 y Lucas 22:20. A lo largo de la Biblia, Dios se relaciona con la gente a través de pactos. En Jesús, se estableció un nuevo pacto. De acuerdo con los versículos 9-10, ¿cuál es la diferencia fundamental entre el antiguo y el nuevo pacto?

   - ¿Cuál es el resultado declarado de Dios para este pacto según el verso 12? ¿Cómo te afecta personalmente?

4. Lea Romanos 8, ¿Cuál es la aplicación práctica de Pablo de ser "salvos del poder del pecado" como el efecto del nuevo pacto en los que creen. Responde a las siguientes preguntas acerca de estos versos:

Versos 1-4

- ¿Qué quiere decir Pablo en el verso 1 cuando dice "ya no hay ninguna condenación para los que están en Cristo?

- Según el versículo 3, ¿Qué cosa era la ley incapaz de hacer por nosotros? ¿Qué nos sugiere esto acerca de la razón de Dios de darnos el nuevo pacto por medio de Jesús?

- En el verso 4, ¿que está haciendo Dios con nosotros que hemos recibido el Espíritu de vida?

- ¿De qué manera la vida en el espíritu reemplaza la vida en la carne?

Versos 15-16

- ¿De qué teníamos miedo cuando éramos esclavos del temor (véase Efesios 2:1-3)?

- ¿Cómo el Espíritu ha cambiado nuestra relación con Dios?

Versos 28-30

- ¿Qué "todas las cosas" donde Dios está trabajando para bien incluyen tu vida?

- Por qué no hay nada que usted ha hecho o va a hacer en su vida que esté excluido de esta obra de Dios?

Versos 31-39

- Según los versículos 33-34, ¿Cuando te sientes como un fracaso en tu camino de fe o tienes un sentimiento interno condenandote, ¿De dónde vienen estos pensamientos?

- ¿Cómo Dios responde a estas acusaciones?

- ¿Por qué no hay nada que jamás podrá cambiar cuánto Dios te ama?

- ¿Cuán seguro tu estas en el amor de Dios?

5. Lee la siguiente declaración y responde a esta pregunta: ¿Cuál es la diferencia entre sentirse seguro en el amor de Dios en vez de cuan seguro tendrías que estar en el amor de Dios?

*"El amor de Dios es más estable de lo que el amor humano pueda ser. Amor humano tiene sus momentos puros y el amor paterno en especial, pueden a veces expresar una semejanza con Dios en su gran firmeza. Pero cuán sólido parezca ser, el amor humano siempre es presa del egoísmo y distracciones engendrados por fijaciones...no es así con el amor de Dios. Dios va a amarnos independientemente de quiénes somos o de lo que hacemos. Esto no significa que Dios es como un padre humano permisivo que pone excusas e ignora las consecuencias del comportamiento de los niños. En el amor Dios constantemente respetuoso, las consecuencias de nuestras acciones son muy reales, y pueden ser horribles, y nosotros somos responsables. Incluso somos responsables de las conductas compulsivas de nuestras adicciones. La libertad que Dios nos ha dado, tiene un doble filo. Por una parte, significa el amor de Dios y el empoderamiento*

52

*están siempre con nosotros. Por otra parte, significa que no hay manera escapar de la verdad de nuestras elecciones. Pero incluso cuando nuestras elecciones son destructivas y sus consecuencias son perjudiciales, el amor de Dios permanece inquebrantable."*
Gerald Mayo en "Adicción y Gracia"

6. La tercera oración que Pablo ora en Efesios 3:14-19 es una oración transformacional. Tiene dos partes, ambas apuntando hacia el poder de Dios. La primera parte (versículos 16-17) se enfoca en la continua labor de empoderamiento del Espíritu a fin de que Cristo no sólo viva en tu corazón, sino que lo remodela continuamente como su propio lugar (basado en el texto original). La segunda parte (versos 17-19) habla acerca de cómo, estando seguros en el amor de Dios, necesitas entender cómo puedes sujetar lo mejor que puedas la completa extensión del amor de Dios, que te guiará a continuar una transformación asombrosa. La forma de profundizar el sujetar el amor de Dios es a través de la Disciplina Hacer, la meditación sobre el amor de Dios. Vamos a pasar los próximos quince minutos meditando sobre el amor de Dios, siguiendo estas instrucciones:

- La meditación es posible cuando te alejas de todas las distracciones de la vida. En la *tranquilidad*, puedes enfocar tu mente, no *vaciarla*. Esta es la diferencia fundamental entre la meditación cristiana y la meditación mística oriental.

- Durante este tiempo, pídele a Dios que puedas aferrar *uno* de los siguientes puntos:

  1) Cuánto Dios te ama.

2) Por que Dios elige amarte.

3) Cuánto Dios ama a los que están heridos.

- Puedes elegir buscar uno de estos versículos para darle un contexto a la hora de meditación:

  a. Filipenses 1:6—Quien comenzó en vosotros la obra buena, la completará,

  b. 1 Juan 7-9—Dios es amor

  c. 1 Juan 3:1—Seremos llamados hijos de Dios

  d. Salmo 34:4—Dios me libero de todos los temores

  e. Romanos 8:37-39—Nada puede separarte del amor de Dios

Asignación: Ir meditar durante 15 minutos.

7. ¿Qué aprendiste durante este tiempo de meditación?

8. Cuanto más practicas esta Disciplina Hacer, más vas a percibir que estás seguro con Dios y Tu confianza en Él crecerá.

   - ¿Cómo cree que esta intimidad más profunda con Dios te ayudará frente a las acusaciones, las tentaciones y las mentiras del enemigo?

   - ¿Cómo cree que esta intimidad más profunda con Dios te ayudará realmente perdonar a las personas que te hirieron?

9. Lea Mateo 6:12, 14; Marcos 11:24-26. El perdón está en el corazón de la intimidad inquebrantable con Dios. ¿Con qué

persona(s) tu necesitas confiar en Dios para darle el verdadero perdón para que asi puedas continuar profundizando en tu intimidad con Él?

- ¿Necesitas que alguno te ayude para progresar con en el perdón?

- ¿Podemos orar por ti en este momento en que vas a apropiarte de la gracia y la paz de Dios para ser capaz de perdonar a la persona (s) que te ha herido?

**Al final de esta sesión:** Juntese con otra persona para orar. Comparte algo de tu viaje personal que necesita oración. A continuación, orar por la otra persona.

**Tarea:** La próxima semana nos estaremos preparando en nuestro camino de fe para aplicar las verdades que hemos aprendido a través de este estudio. Para estar listo en esta última lección, lea Mateo 5:3-10, que son las ocho bienaventuranzas que Jesús enseñó en el comienzo de lo que llamamos el Sermón de la Montaña. Prepárese para hablar de la bienaventuranza que le resulta más desafiante.

Pase cinco minutos al día descansando en la presencia de Dios.

Esta semana, cuando sienta la atracción de las opciones del pecado en mí, apropia la provisión de Dios para ti. Anota los resultados.

Pasar diez minutos esta semana meditando sobre el amor de Dios.

# Sesión 10: Continuando Tu Viaje de Fe

1. Busque 1 Corintios 2: 10-16 y responda a la siguiente pregunta: ¿Por qué Dios nos ha dado su Espíritu?

   - ¿De qué manera esta verdad se conecta con mantener el paso con el Espíritu (Gálatas 5:25)?

   - ¿Cuan lejos he llegado en aprender a confiar en la obra del Espíritu Santo en mí vida?

   - Se necesita tiempo para poder profundizar tu intimidad con Dios hasta el punto en que confíes en Él lo suficiente como para permitirle que trate con los asuntos pendientes en su vida. Entonces, ¿cómo vas a tratar el desaliento cuando venga y el cambio es lento, cuando la tentación todavía parece poseerte a ti y a tus pensamientos, durante estas primeras etapas de la búsqueda de Dios?

2. Lea esta historia y responda a la siguiente pregunta: ¿Por qué he utilizado otras personas o actividades para sentirme mejor?

*Hannah Whitall Smith, autor de "Secreto del Cristiano con una vida feliz," dice que cuando ella era una joven esposa y madre, llegó a un lugar donde no podía más con las heridas acumuladas y las crisis de su vida. Lloraba mucho y estaba muy deprimida. Finalmente, decidió que iba a ir y compartir su carga con una mujer que conocía que era de más edad y piadosa . Ella hizo la cita y en ese día y derramó su alma a esa mujer. Su amiga escuchó en silencio y después de una larga pausa, dijo: "Bueno, después de todo, **hay** Dios." Pensando que la mujer no había entendido, Hannah comenzó nuevamente con una lista completa* *de todo lo que estaba mal en su mundo. Una vez más, la mujer dijo pensativamente, "Después de todo, hay Dios." Hannah preguntó si esto era todo. Habiendo sido dicho todo, ella se enojó y se fue a casa molesta. No vio lo bueno que este consejo podría ser--más allá, ella no entendió realmente cuál fue el consejo. Ella reflexiono en el carácter de esta señora, y se puso a orar por el consejo. Y descubrió por sí misma que esa frase era la respuesta, que toda la otra sabiduría y consejos que había pensado para resolver sus asuntos habían sido inadecuados. Se dio cuenta que la respuesta a sus dilemas no las iba a encontrar en cambios externos y diferentes métodos, pero en la relación con Dios.*

- ¿De qué manera la intimidad con Dios me dará una sanidad real?

- Al reflexionar de nuevo en la historia del hombre que había estado enfermo durante 38 años que Jesús encontró junto a la fuente de Betesda, tomar el lecho fue la invitación de Jesús para curarse. Recoger el lecho es hacer lo que Dios te está diciendo que debes hacer en este momento. ¿Qué lecho te está diciendo Dios que debes recoger?

3. Tarea de Revisión. ¿Cual es la bienaventuranza más desafiante para ti?

4. El orden de las Bienaventuranzas de Mateo 5:3-10 sugiere una transformación progresiva, comenzando en reconocer de que no tienes nada en ti que te hará la persona que Dios creó para ser. Esto no es algo que ocurre una sola vez, sino que es un ciclo que se repite en tu proceso de transformación. Tendrás que volver una y otra vez hasta que dejes de creer la mentira de que el *dolor del corazón* que tu bien sabes cual es, puede

ser tratado por cualquier otra cosa que Dios mismo. Entonces estarás listo para permitirle humildemente que te libere del poder de las opciones del *pecado en mí*, enfocandote en la intimidad con Él. Repasen las ocho bienaventuranzas juntos y hablen de las implicaciones para tu camino de fe.

a) **Pobres en espíritu:** *Ser humilde en mi pobreza espiritual*, que es el punto a reconocer que no tengo ni la capacidad dentro de mí ni el poder para rehacerme mi mismo para ser la persona que fui creada para ser.

b) **Lloran**, *Afligirse correctamente* por las heridas que ha recibido de vivir en un mundo caído, sin dejar de reconocer que, a su vez, ha herido también a otros también.

c) **Manso**: *Someterme Totalmente* al reino de Dios sobre mí para que yo pueda vivir en este mundo de la manera que Dios me había destinado a vivir.

d) **El hambre y la sed:** *Re enfocar nuestros deseos* para querer lo que Dios quiere, permitiendome a mí mismo el ser restaurado a la imagen de su Hijo.

e) **Misericordioso:** *Aumentar mi compasión* por aquellos que están heridos, incluyendo a los que me hirieron.

f) **Puro de Corazón:** *Ver a Dios claramente* hasta el punto que deje de proyectar las imágenes falsas tomadas de mis experiencias con figuras de autoridad humanas incluyendo mis padres, y dejar de creer las mentiras sobre Él debido a estas falsas imágenes.

58

g) **Los pacificadores:** Conformarme a Jesús que es nuestra paz, quién es el que ofrece la paz y la restauración de todos los que se han rebelado y rechazado a Dios.

h) **Perseguidos:** *Anticipando la oposición* de amigos familiares e incluso personas religiosos mientras yo estoy convirtiendome progresivamente en la persona que fui creada para ser.

- ¿Por qué cree que necesita reconocer que tu camino de fe será progresivo?

- Busque Apocalipsis 12:10. Si fallas a lo largo del camino de fe, quien será el que te acusara y tratará de utilizar tus fallas en contra tuya?

- De acuerdo a Romanos 8:31-34, ¿cuál será la actitud y la acción de Dios hacia ti?

- ¿Crees que llegará el momento en que las mentiras de Satanás ya no podrán atraerte de nuevo a un comportamiento destructivo y a desconfiar a Dios? ¿Por qué o por qué no?

5. Busque 2 Samuel 11:1-14. ¿Quién es el rey David y como se lo conocía (Hechos 13:22)?

- ¿Cuán exitoso había hecho Dios a David en su vida hasta este punto?

- Ya que era la época del año cuando los "reyes iban a la guerra," ¿qué piensas que estaba pasando cuando David envió a su ejército, pero no fue con ellos?

- ¿Luego que él se queda en casa las decisiones que toma que sugieren acerca de su corazón?

- ¿La decisión sobre qué hacer con Urías que te dice acerca del peligro continuo de mantener secretos?

6. Buscar 2 Crónicas 16:7-12. ¿Quien es el rey Asa, porque era conocido (2 Crónicas 15:16-19)?

- ¿Por qué Asa estaba enojado con Dios?

- ¿Por qué crees que acabó padeciendo dolor físico durante los últimos años de su vida?

- ¿Qué te dice de su decisión acerca de su relación con Dios sobre el peligro de mantener internamente mentiras acerca de Dios?

7. Lee la siguiente declaración y responde a la siguiente pregunta: ¿Qué crees que es lo te haría más vulnerables a las mentiras de Satanás?

*En realidad no sabemos cómo se vería el proceso de crecimiento. A veces la gente dice, "Oh, yo estoy comprometido con Cristo no importa lo que pase". Excepto que pensábamos que todo iba a ir bien. Podríamos pensar que compromiso significa que no vamos a tener problemas. Y luego tenemos problemas y entonces nos enojamos o molestamos porque no es justo. Estamos comprometidos, por lo que creemos que el camino debe ser fácil! No tendría que haber ningún tipo de fricción.*

*No sé lo que podría enfrentar en el futuro. Puede ser que hayan algunas cosas muy duras por delante. Al hacer un compromiso con Dios digo que voy a confiar en él, no importa lo que me pase. Pero no sé qué me va a pasar. Cuando tengo esas situaciones difíciles me gustaría creer que todavía voy a confiar en Dios. Podría retroceder. En ese momento podría decidirme a decir: "Dios no me importa lo que has hecho por mí en el pasado, esto que me está pasando ahora mismo es simplemente demasiado. Voy a controlarlo yo mismo porque parece como que, "Me has abandonado," o "No estás prestando atención a lo que está pasando aquí." O podría decir: "En este momento lo que me pasa es tan horrible que te odio Dios.".*

*La gente hace eso. Y en ese momento toman decisiones terribles en sus vidas. Es posible que los veas y digas: "¿Cómo es posible que han decidido hacer algo tan destructivo? Mira lo que Dios ya ha hecho en sus vidas! "Mira lo que Dios ha hecho en mi vida. ¿Cómo es posible que yo tenga una relación romántica secreta, o lastime a mis hijos, o maldiga a alguien, o me coma a mí mismo terminando en un hospital, o robe tiendas, o alguna otra cosa igualmente degradante y pecaminosa. No sé por qué yo elegiría hacer eso, pero tampoco sé lo que voy a enfrentar.*

*El compromiso total es una elección diaria. Lo que tenemos que entender es que debe haber un punto en el que elegimos confiar en el Padre-no importa qué.*

- ¿Por qué, entonces, tú personalmente debes tener misericordia con los que te rodean, incluso a los que tu catalogas como gente mala? ¿Cómo es la misericordia?

8. Lea la siguiente declaración y hablen de lo que significa para ti el poder seguir adelante, construyendo intencionalmente una relación con Dios.

*Debemos ser intencionales en el compromiso. Hago lo que tengo la intención de hacer. Estoy diciendo en este compromiso que no voy a ser pasivo en el proceso de crecimiento y curación, esperando que Dios me dé un coscorrón en la cabeza y me empuje fuera de mi sillón reclinable. En cambio, voy a entregarme a Jesús, y buscaré activamente tener una relación con El, que de acuerdo a Juan 1:14, es lleno de gracia (empoderamiento) y verdad (lo que fui creado para ser). El propósito de Dios es que me conforme a la semejanza de su Hijo, para que cuando hablamos de Jesús lleno de gracia y de verdad, estoy viendo lo que fui creado para ser, tal—como Jesús—lleno de gracia y de verdad.*

---

*He aprendido cuán profundamente satisfactorio es esto, mucho después de haberme sometido a Dios al principio de mi viaje. Yo siempre había sido crítico de mi esposa desde nuestro matrimonio. La veía con mi arrogancia de que no estaba a la altura de mis estándares de hacer las cosas-cómo mantener a casa, cómo criar a los hijos, etc. yo tontamente intentaba solucionarlo señalando sus fallos, pensando que con el tiempo iba a mejorar. Yo no tenía idea de lo mal que la estaba hiriendo y a su vez destruyendo nuestro matrimonio.*

*Un día, poco después de haber entrado al proceso de sanación con Dios, Él me mostró que tenía que dejar de criticar mi esposa. Me tambaleo, pero porque ahora quería lo que Dios quería, me sometí voluntariamente, pidiendole que Él haga esto en mí por su gracia. Un año más tarde, las cosas habían cambiado en nuestro matrimonio de tal forma que mi esposa, que escribía cada día su diario personal, escribió en su cuaderno ese día todas las razones de porque me quería como su marido. La primera declaración que ella escribió fue: "Yo amo a mi marido porque él no me critica." Vi por primera vez esta lista diecisiete años más tarde, un día cuando mi mujer estaba limpiando un cajón con sus cosas. Cuando ella me entregó la lista, quedé estupefacto por la confirmación de Dios de cambiar nuestro matrimonio cambiándome a mí años antes. Por ese único acto de obediencia, el amor en mi esposa fue reavivado.*

9. ¿Qué planes tienes de aquí en adelante? Analiza los siguientes pasos prácticos:

- ¿Cómo voy a tratar de hacer mío propio lo que he aprendido durante estas sesiones?

- ¿Dónde estoy planeando incorporar las disciplinas "Hacer" en forma regular de mi camino de fe para que yo pueda crecer en mi intimidad con Dios? ¿A quién le pediré ayuda para estar en una relación de dependencia en la etapa inicial para hacer de esto algo regular en mi vida?

- ¿Qué aspectos de la vida de Jesús y su carácter debería estudiar para conocer lo que yo voy a ser?

- De acuerdo con 2 Pedro 1:5-9, ¿qué más debo buscar que se desarrolle en mi vida para ser productivo en mi fe? ¿Cómo hago para desarrollarlas?

- ¿Quién necesita escuchar esto-a quien pueda compartirle regularmente lo que estoy aprendiendo? ¿Cuándo voy a empezar el proceso?

10. Un último punto. Buscar 1 Pedro 5:5b-11.

- ¿Qué es lo que necesitamos sobre todo para acceder a la gracia de Dios?

- ¿Por qué necesitamos tener auto-control y prestarle atención a la actividad del enemigo?

- ¿Quién está de su lado en todo esto?

**Al final de esta sesión:** Juntese con otra persona para orar. Comparte algo de tu viaje personal que necesita oración. A continuación, orar por la otra persona.

**Asignación permanente:** Continúe practicando las disciplinas "Hacer" en la búsqueda de la intimidad con Dios y la libertad que Jesús prometió a través del Evangelio ("en la libertad con que Cristo nos hizo libres." Gálatas 5: 1). Confiese sus pecados a otros en la comunidad y sea curado.

**¿Cómo este estudio te ha impactado a ti y al grupo? Sus comentarios son bienvenidos por correo electrónico a:**

**steve@ChurchEquippers.com**

# APENDICE A: COLOSENSES 1-3

## Capítulo 1

V 5: Tengo esperanza guardada para mí en el cielo en Cristo Jesús.

V 11: Estoy fortalecido con todo poder de acuerdo con su gloriosa fuerza en Cristo Jesús.

V 12: estoy cualificado para compartir en la herencia del reino de Cristo Jesús.

V 13: he sido rescatado & liberado en Jesús.

V 14: Estoy redimido y perdonado en Cristo Jesús.

V 16: Yo soy su creación.

V 17: Estoy mantenido por Cristo Jesús.

V 18: Soy parte del cuerpo de Cristo.

V 19: Tengo la plenitud de Dios en Jesús.

V 20: Estoy reconciliado con Dios en Jesucristo.

V 22-23: Estoy reconciliado, santo, libre de mancha & acusación si me mantengo firme en su actuar (no la mío).

V 26: Tengo el misterio revelado en Cristo Jesús.

V 27: Tengo a Cristo en mí, la esperanza de la gloria.

V 29: Tengo la fuerza de Cristo para la lucha.

## Capítulo 2

V 3: Estoy en Cristo, donde todos los tesoros de la sabiduría y del conocimiento están ocultos.

V 6: He recibido a Cristo Jesús como Señor.

V 7: Como yo vivo en El, estoy arraigado, edificado y establecido en la fe en Cristo Jesús.

V 9: Yo soy el Cristo, y en Cristo, toda la plenitud de la Deidad habita.

V 10: Tengo plenitud en Jesús.

V 11: Mi naturaleza pecaminosa ha sido cortada de mí en Cristo Jesús.

V 12: He sido sepultado con él en el bautismo y resucitados con Él a través de la fe.

V 13: Estoy muerto en mis pecados, vivificado, y perdonado en Cristo Jesús.

V 14: Ya no soy gobernado por las reglas antiguas.

V 15: En Cristo, los poderes y las autoridades en contra de mi vida han sido desarmados por la cruz.

V 17: Tengo realidad en Cristo Jesús.

V 20: Estoy muerto al los principios del mundo en Jesús.

**Capítulo 3**

V 1: Estoy resucitado con Cristo, sentado a la diestra de Dios.

V 3: Yo he muerto a este mundo, y estoy vivo, pero oculto en Cristo.

V 4: Me han prometido que me apareceré con él en la gloria.

V 9: He sacado fuera al viejo yo en Cristo.

V 10: En Jesús, soy un hombre nuevo y renovado en conocimiento.

V 12: Soy elegido, Santo, muy amado en Cristo Jesús.

V 13: Soy perdonado en Cristo Jesús.

V15: Soy miembro de un solo cuerpo en Cristo Jesús.

V 24: Soy un heredero de la recompensa de la herencia a través de Cristo Jesús.

# APENDICE B: EFESIOS 1-3

## Capítulo 1

V 3: Estoy bendecido con toda bendición espiritual en Cristo Jesús.

V 4: Soy elegido en Cristo Jesús.

V 5: Soy adoptado, en Cristo Jesús, conforme a su placer.

V 6: Tengo la gracia que me fue dada libremente en Cristo Jesús.

V 7: Estoy redimido en Cristo Jesús (comprado). Estoy perdonado en Cristo Jesús (para ser limpiado, liberado).

V 8: Estoy bañado por las riquezas Dios y su gracia, con toda sabiduría y entendimiento.

V 10: He sido traído bajo una sola cabeza en Cristo.

V 11: Soy elegido en Cristo Jesús. Estoy predestinado en Cristo Jesús, he sido puesto en una situación donde Dios va a salirse con la suya.

V 12: Estoy predestinado a ser la alabanza de Su gloria.

V 13: Estoy incluido en Cristo Jesús. Estoy sellado en Cristo Jesús.

V 14: Yo soy la posesión de Dios.

V 17: Tengo acceso al espíritu de sabiduría y revelación. Tengo acceso a conocer especialmente a Jesucristo, al Padre glorioso y al Espíritu Santo.

V 18: He sido llamado a una esperanza. He sido llamado para una herencia gloriosa.

V 19: Puedo conocer su gran poder.

V 22: Estoy bajo sus pies (Él me domina).

V 23: Soy una parte de su cuerpo, que es la plenitud del que lo llena todo en todos los sentidos.

**Capítulo 2**

V 4: Soy amado por Dios, que es rico en misericordia.

V 5: He sido vivificado con Cristo. Me he salvado en Cristo Jesús.

V 6: Estoy levantado con Cristo. Estoy sentado en el reino celestial con Él en Cristo Jesús.

V 7: Soy un objeto de las incomparables riquezas de Su gracia. Tengo la bondad de Dios en Cristo Jesús.

V 8: Yo soy salvo por gracia en Cristo Jesús como un regalo de Dios.

V 10: Soy hechura de Dios yo Cristo Jesús. Estoy creado para hacer buenas obras en Cristo Jesús.

V 13: He sido colocado cerca de Dios en Cristo Jesús.

V 14: Estoy en paz en Cristo Jesús.

V15: Soy parte de un nuevo hombre en Cristo Jesús.

V 16: Estoy reconciliado con Dios en Cristo Jesús.

V 18: Tengo acceso al Padre en un Espíritu.

V 19: Soy un ciudadano de la familia de Dios en Cristo Jesús. Yo soy un miembro de la familia de Dios en Cristo Jesús.

V 20: Estoy construido sobre una fundación con Cristo Jesús como piedra angular.

V 21: Soy un templo santo en Cristo Jesús.

V 22: Físicamente, he venido a ser la morada del Espíritu de Dios en Cristo Jesús.

## Capítulo 3

V 6: Soy heredero de todas las promesas de Israel. Yo soy miembro de un cuerpo en Cristo Jesús.

V7: Yo soy partícipe de la promesa en Cristo Jesús.

V 8: Tengo acceso a las inescrutables riquezas de Cristo Jesús.

V 9: El misterio una vez escondido en Dios se hizo claro para mí en Cristo Jesús.

V 10: Su intención es dar a conocer la multiforme sabiduría de Dios a través de mí.

V 11: Él ya ha cumplido su propósito.

V 12: Soy libre para acercarme a Dios en Cristo Jesús. Estoy seguro al acercarme a Dios en Cristo Jesús.

V15: Mi nombre viene de Dios.

V 16: Me siento fortalecido mediante su Espíritu en mi ser interior (si así lo decide).

V 17: Por elección, yo soy la morada de Cristo.

V 19: Puedo conocer el amor de Cristo, que excede todo conocimiento (si lo desea). Puedo ser lleno de toda la plenitud de Dios (si lo desea).

V 20: Su poder está trabajando dentro de mí.

# CE

# Church Equippers

Para herramientas adicionales visite:

**www.ChurchEquippers.com/espanol**

www.ingramcontent.com/pod-product-compliance
Lightning Source LLC
Chambersburg PA
CBHW071929020426
42331CB00010B/2788